KB178486

국립경주박물관 신라 문화유산 시리즈

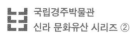

국립경주박물관
신라 문화유산 시리즈 ②

Silla Heritage

신라를 찾은 이방인의 칼
황금 보검

윤상덕 지음

국립경주박물관 × 틈새책방

경주 계림로 14호묘 출토 황금 보검.
검집은 나무로 만들고, 앞면과 옆면에는 금판과 각종 보석을 장식했다.

황금 보검의 아래쪽은 사다리꼴 모양으로 벌어졌다.

검집 윗부분의 태극무늬는 3개의 굽은옥이 돌아가는 듯한 모양이다.
금판을 세워 공간을 만들고 석류석을 넣었다.

검집의 한쪽 옆에 반원형 장식구를 부착했다.

차례

1973년, 경주 계림로의 한 작은 무덤에서 특이한 모양의 보검이 발굴됐습니다. 이 자료를 접한 국내 연구자들은 큰 고민에 빠졌지요. 보검의 형태가 그동안 신라 무덤에서 발굴한 신라의 칼과는 너무 달랐기 때문입니다. 이 보검을 신라인이 만들었는지를 두고 한국과 일본 연구자들 사이에서 논란이 계속됐습니다. 신라에서는 찾아보기 힘든 모양의 황금 보검이어서 혹시 무덤의 주인이 중앙아시아 초원에서 온 '서역인'이 아닐까라는 의문이 제기됐습니다.

유럽의 고고학자들도 비상한 관심을 보였습니다. 이 보검과 비슷한 형태와 제작 기법으로 만들어진 유물이 유럽과 중앙아시아 일대에 폭넓게 분포하기 때문이었습니다. 이 지역의 유물은 출토지나 발굴 과정에 대한 정보가 부족해 언제쯤 만들어졌는지조차 정확히 추정하기 어려웠습니다. 그래서 경주 계림로에서 출토된 보검이 언제 만들어졌는지 알 수 있다면 유럽과 중앙아시아에 산재하는 많은 유물을 시간순으로 배열하는 기준이 될 수 있었습니다. 또, 보검이 어디서 만들어졌는지, 어쩌다 아시아 동쪽 끝인 신라에까지 오게 됐는지 답할 수 있다면 그 시대 동서 문물 교류의 한 단면을 엿보는 데에도 도움이 될 것이었습니다.

국립경주박물관은 황금 보검이 출토된 경주 계림로 14호 무덤의 조사 성과를 정리하여 2010년에 발굴 보고서 《경주 계림로 14호묘》[1]를 발간했습니다. 이 발굴 보고서에서는 황금 보검을 비롯한 295점에 이르는 출토 유물을 소개하고 있는데요. 이 보고서를 작성하면서 황금 보검을 자세히 조사하여, 많은 분이 궁금해하는 몇 가지 부분을 설명할 수 있게 됐습니다.

황금 보검은 신라인이 만든 것일까요? 신라인이 만들지 않았다면 누가, 언제, 어디에서 만들었을까요? 또, 이 보검이 다른 곳에서 만들어졌다면 어떤 경로로 경주에 와서 무덤에 묻히게 되었을까요? 그렇다면 황금 보검의 주인은 누구였을까요? 중앙아시아 출신의 서역인이 황금 보검을 가지고 신라에 와 무덤에 눕게 된 것일까요? 이런 궁금증을 차근차근 풀어 보겠습니다.

신라를 찾은 이방인의 칼

황금 보검

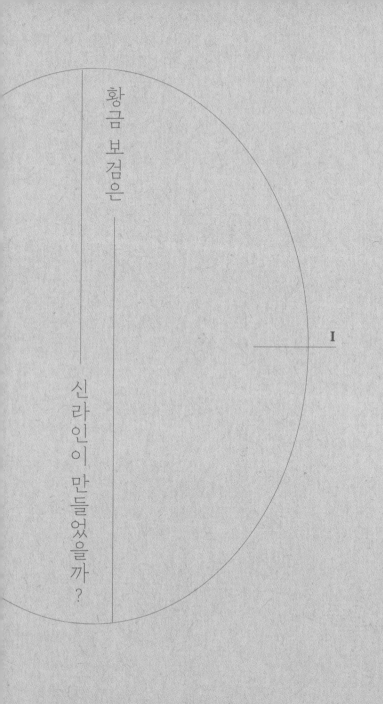

황금 보검은

신라인이 만들었을까?

I

1973년, 지금의 대릉원인 미추왕릉 지구 정화 사업이 있었습니다. 대릉원 동편, 옛 경주시청과 계림을 연결하는 계림로 공사도 그 일환이었지요. 도로 공사 중에 시멘트 배수관을 매설하려고 도로 양쪽을 깊이 파냈는데, 그 자리에서 유물이 모습을 드러냈습니다. 국립경주박물관이 1973년 5월 26일부터 같은 해 8월 25일까지 약 200미터 구간을 발굴 조사한 결과, 여기에서 돌무지 나무덧널 무덤*과 독무덤* 등이 총 55기나 새롭게 확인됐습니다. 이들 무덤에 1부터 55호까지 번호를 붙였습니다.

그 가운데 14호 무덤은 봉분이 이미 깎여 없었지만, 파보니 돌무더기가 보였습니다. 작은 무덤이었지만 왕

배수관 공사 중에 노출된 계림로 14호묘.

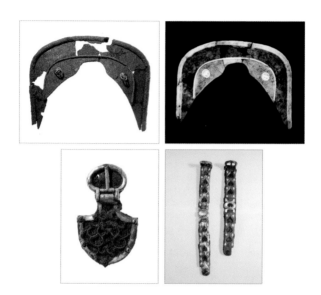

계림로 14호묘에서 발굴된 말안장꾸미개와 이를 찍은 엑스레이 사진(상단 왼쪽과 오른쪽). 그리고 말띠드리개와 화살통 연결 금속줄(하단 왼쪽과 오른쪽).

릉급 무덤에서 출토되는 유물과 비교해도 전혀 손색이 없는 화려한 유물들이 출토됐습니다. 금은으로 용무늬를 입사(入絲)한 말안장꾸미개(안교鞍橋), 금은과 유리로 장식한 각종 말띠드리개(행엽杏葉), 비단벌레 날개로 장식한 화살통(성시구盛矢具)…. 그중에서도 가장 눈에 띄는 것이 바로 황금 보검이었습니다. 보검은 실제 사용한 것이기보다는 신분을 드러내기 위한 칼

계림로 14호묘에서 단연 눈에 띄는
유물이었던 황금 보검의 발굴 당시 모습.

로, 귀금속이나 귀한 보석으로 아주 화려하게 만든 칼입니다.

황금 보검은 처음부터 수수께끼 같은 유물이었습니다. 그동안 발견된 신라 유물 중에서 비슷한 물건을 찾을 수 없었기 때문이죠. 보검이 어디서 만들어졌는지에 대해 여러 연구자가 각자 다른 의견을 제시했습니다. 당시 국립중앙박물관 수석연구관이었고 이후 국립중앙박물관장을 지낸 한병삼은, 중앙아시아의 기법을 받아들여 신라인이 직접 제작한 것으로 보

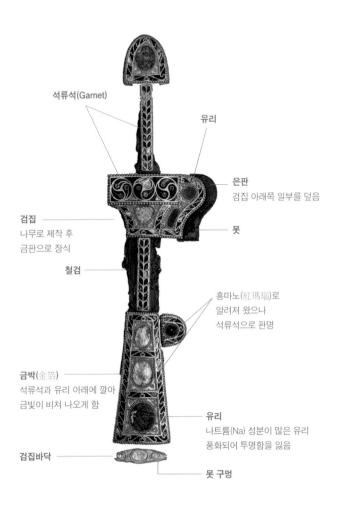

석류석(Garnet)

유리

은판
검집 아래쪽 일부를 덮음

검집
나무로 제작 후
금판으로 장식

못

철검

홍마노(紅瑪瑙)로
알려져 왔으나
석류석으로 판명

금박(金箔)
석류석과 유리 아래에 깔아
금빛이 비처 나오게 함

유리
나트륨(Na) 성분이 많은 유리
풍화되어 투명함을 잃음

검집바닥

못 구멍

계림로 14호묘 출토 황금 보검.
왼쪽부터 검집 앞면, 검집 앞판 안쪽면, 검.

았습니다.[2] 중앙아시아의 영향을 받았지만, 반원 모양의 손잡이 끝장식인 검파두식(劍把頭飾)*의 형태가 한반도에서만 주로 출토되는 한국식 동검인 세형동검*과 비슷하다는 점을 중요하게 생각한 것이지요. 일본 연구자인 아나자와 와코우(穴澤咊光)와 마노메 슌이치(馬目順一)는 유럽과 중앙아시아 자료와 비교한 뒤 이란·중앙아시아에서 만들어진 보검이라고 주장했습니다.[3] 이후로도 이 지역에서 제작된 것으로 보는 연구자들이 많지만, 기존의 연구는 대부분 겉모습만 비교하여 닮은 꼴을 찾는 방식이어서 한계가 있었습니다. 그래서 신라인이 만든 보검인지를 확인하려면 황금 보검을 과학적으로 분석한 결과와 제작 방법을 검토할 필요가 있습니다.

먼저 황금 보검의 특징을 간단히 살펴볼까요? 오른쪽 사진을 한번 보세요. 총길이 36센티미터의 이 보검은 날(검신劍身)이 18.5센티미터로 짧고, 날이 양쪽에 있는 단검입니다. 나무로 검집*을 만들고 앞면과 옆면을 금판과 각종 보석으로 장식했습니다. 검집의 아래쪽이 사다리꼴 모양으로 벌어진 것이 특징이지요. 검

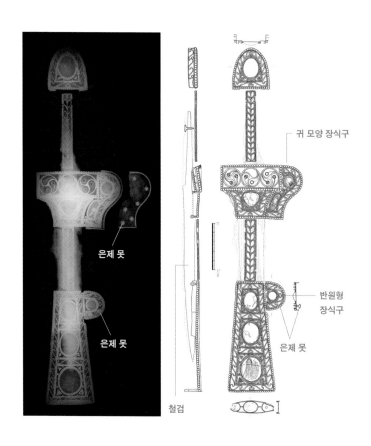

은제 못

은제 못

철검

귀 모양 장식구

반원형
장식구

은제 못

황금 보검 엑스레이 사진과 도면.

집의 한쪽 옆에 귀 모양 장식구와 반원형 장식구를 부착했습니다. 이 장식구 부분은 뒷판을 따로 만들어 붙였습니다. 뒷판은 앞판과 달리 은으로 만들었습니다. 황금 보검을 엑스레이로 촬영한 사진을 보면, 은으로 만든 못을 박아 앞판과 뒷판을 고정했는데, 귀 모양 장식구에는 6개, 반원형 장식구는 4개의 못을 사용했습니다. 출토 당시에 허리띠 아래쪽에 평행하게 놓여 있었기 때문에 수평으로 착장했던 것으로 생각됩

보검 위쪽에 버클이 보이는데, 해당 위치에 허리띠가 있었다.

니다. 귀 모양 장식구와 반원형 장식구 부분을 이용해 허리띠에 연결했으리라 추정하지만, 정확히 어떻게 착장했는지 지금으로서는 알 수 없습니다.

검집 장식판은 하나의 금판으로 검집의 앞면과 옆면을 감싸고, 이 판 위에 다시 얇은 금선(金線)*을 세워 원, 타원이나 물결무늬로 문양의 틀(문양대*)을 만들었습니다. 그리고 그 사이에 보석을 박아 넣었습니다. 이렇게 보석을 끼워 넣는 것을 감입(嵌入)*이라고 부릅니다. 박아 넣은 보석들은 석류석(石榴石, garnet)과 유리였습니다. 붉은 보석을 처음에는 맨눈으로 보고 마노석이라고 생각했지만, 여러 장비를 사용해 분석해본 결과 신라에서는 보기 드문 석류석이었습니다.

유리는 당시 금보다 더 귀하게 여겨지던 보석입니다. 넓은 공간에 감입하는 경우에는 유리를 사용했습니다. 검집 아래쪽 사다리꼴 모양의 가운데 큰 타원형 부분과, 중간의 역삼각형 모양, 그리고 손잡이 끝 장식의 큰 타원형 부분에 유리를 감입했다고 추측하는데, 지금은 가장 아래쪽에만 남아 있습니다. 오랜 시간동안 풍화되어 마치 나무처럼 보이지만, 만들 당시에는 투명한 색유리였을 것입니다. 금판 위에 색유리가 놓여서 반짝반짝하고 화려했을 것입니다. 태극무늬나 나뭇잎 무늬 등 작은 부분에는 석류석을 넣었습니다. 보석을 끼워 넣은 후에는 보석 주변을 감싼 금판을 도구로 문질러 넓혀서 보석이 빠져나오지 않도록 했습니다. 이런 금제품 제작 기법을 클로와조네(cloisonné)*라고 부릅니다.

문양은 기본적으로 원형, 또는 타원형의 문양대를 중심에 두고 그 주변에 물결무늬(파상문波狀文)를 배치하고, 다시 가장자리와 문양대 사이 빈 공간에 금구슬을 촘촘하게 붙였습니다. 검집 윗부분의 태극무늬는 마치 3개의 굽은옥(곡옥曲玉)*이 돌아가는 듯한 모양인데, 가운데에 금판을 세우고 석류석을 넣었습니다. 금구슬은 가장자리에는 큰 구슬을 사용하고 안쪽은 작은 구슬로 채웠습니다. 또한 네모꼴의 문양대와 그 가운데 타원형 문양대 사이에는 금구슬을 삼각형 모양으로 배치하여 공간을 채웠습니다. 이렇게 금속 표면에 금실이나 작은 금구슬을 붙여 장식하는 기법을 누금(鏤金)기법*이라고 부르는데, 계림로 황금 보검은 크기와 형태가 매우 균일한 대·중·소 세 종류의 구슬을 사용한 누금기법으로 장식했습니다.

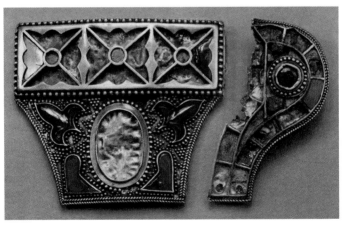

황금 보검(위)과 보로보에 검 장식(아래).
형제처럼 닮아 있다.

일본 연구자 아나자와 와코우와 마노메 슌이치가 제시한 보로보에 출토 단검 복원안.

황금 보검과 모양이 비슷하다고 알려진 카자흐스탄 보로보에(Borovoe) 출토 단검 장식과 비교해 보겠습니다. 보로보에 출토 단검 장식은 1928년 공사 중에 우연히 발견됐습니다. 처음에는 이 단검을 다른 장신구의 한 부분이려니 생각했습니다. 그러다가 러시아 학자 암브로즈(A.K. Ambroz)가 황금 보검의 사진을 보고 아이디어를 얻어 보검 장식으로 1차 복원했고, 이를 토대로 일본 연구자 아나자와 와코우와 마노메 슌이치가 복원안을 제시했습니다.

검집 윗부분의 장식을 비교해 보면 보로보에 단검의 검집 상부 장식은 귀 모양 장식구가 분리된 상태이긴 하지만 전체적으로 황금 보검과 비슷합니다. 문양은 황금 보검이 위쪽에 3개의 태극무늬가 있는 데 비해 보로보에 단검은 정사각형 문양대가 3개 배치돼 있습니다. 정사각형 문양대 아래쪽으로는 타원형을 중심으로 잎사귀 문양 등이 있고 그 사이사이에 금 알갱이를 촘촘하게 채워 넣었습니다. 세부 디자인은 차이가 있지만, 이렇게 상단에 세 개의 동일한 문양으로 구성된 문양대가 있고, 아래쪽은 가운데에 커다란 타원형 문양이 배치된 점, 그리고 오른쪽에 귀 모양 장식구가 있는 점에서 황금 보검과 보로보에 단검 장식은 기본 구성이 같다고 볼 수 있습니다.

또한, 황금 보검으로 미뤄 볼 때 보로보에 단검도 중앙의 커다란 타원형 공간에 유리를 감입했을 것으로 추정됩니다. 황금 보검이 물결무늬나 태극무늬처럼 만들기 어려운 곡선 문양을 주로 사용한 걸로 보아 황금 보검의 제작 기술이 좀 더 우수했으리라 생각되지만, 두 유물의 기본 형태와 디자인 모티브는 유사합니다. 만든 방식에서도 유사한 점 세 가지를 발견할 수 있는데요. 귀 모양 장식구를 고정하기 위한 못을 사용한 점, 은판으로 귀 모양 장식구 부분의 뒷판을 만든 점, 마지막으로 금판을 세우고 붉은색 보석인 석류석을 감입하는 클로와조네 기법을 사용한 점입니다.

이렇게 황금 보검이 카자흐스탄 보로보에 검집 장식과 형태뿐만 아니라 만든 기술과 방법까지 유사한 것을 보면, 황금 보검과 보로보에 검집 장식을 만든 사람들이 제작 기법이나 디자인을 공유하는 집단일 가능성이 높아 보입니다.

황금 보검이 신라에서 만들어졌는지, 중앙아시아 등 다른 지역에서 만들어져 들어온 물건인지를 판단하기 위해서는 계림로 14호 무덤과 같은 시기인 5~6세기에 만들어진 무덤에서 출토되는 신라의 다른 유물과 어떤 차이가 있는지 살펴봐야겠습니다.

이 시기 신라 무덤에서 출토되는 칼들과 비교해 보면, 황금 보검은 양날이 있는 '검(劍)'인데 비해, 다른 무덤에서 출토되는 신라의 칼은 모두 한쪽에만 날이 있는 '도(刀)'라는 차이가 있습니다. 지금까지 신라 '도(刀)'는 많이 발굴됐으나 '검(劍)'은 황금 보검 외에는 출토된 사례를 찾기가 어렵습니다. 또, 귀 모양 장식구와 반원형 장식구를 이용하여 허리에 착용하는 방식이나, 석류석과 유리를 사용한 점 등도 신라의 다른

칼과 구별되는 독특한 점입니다.

박물관에서 엑스레이 형광 분석법 등 비파괴적 방법으로 분석해 본 결과, 황금 보검이 신라의 금제품과 가장 크게 구별되는 점을 금속 성분비에서 찾을 수 있었습니다. 황금 보검의 금속 성분비는 다음 페이지의 표처럼 나타났습니다. 금판, 금실, 금구슬을 대상으로 26지점에 대해 분석한 결과 모두 유사한 비율을 보였는데, 금이 약 78~79퍼센트, 은이 17~18퍼센트의 비율로 섞여 있습니다. 여기에서 주목할 부분은 구리의 비율이 평균 3.0~3.3퍼센트에 달한다는 점입니다.

경주의 주요 무덤 출토 금제품의 성분비와 비교해 보면 구리 함량에서 큰 차이가 있음을 알 수 있습니다. 국립경주박물관이 금제품의 성분을 분석하여 조사한 자료를 먼저 살펴볼까요?[4] 4세기 후반부터 6세

분석 위치	성분비(평균, %)			계측수
	금Au	은Ag	구리Cu (최소/최대값)	
금판	78.8	17.6	**3.3 (2.32 / 3.57)**	4건
금실	79.5	17.4	**3.0 (1.74 / 4.58)**	13건
금구슬	77.8	18.3	**3.3 (2.90 / 5.24)**	9건

기 전반에 제작된 걸로 추정되는 천마총, 금관총, 교동 출토 금관, 드리개*, 관모*, 관식* 등 7점의 금제품을 대상으로 모두 55지점을 선정하여 분석했습니다. 그 결과 7점 중 6점은 구리의 함량이 모두 1퍼센트 미만으로 극히 적었고, 금관총 출토 조익형 관식(鳥翼形冠飾)* 1점만 1.21~2.46퍼센트의 수치가 나왔습니다. 구리 함량이 다소 높게 나온 금관총 조익형 관식 역시 황금 보검보다 구리 성분이 적게 포함됐다고 볼 수 있으며, 나머지 6점은 황금 보검보다 구리 성분 함유율이 크게 낮았습니다. 황금 보검과 함께 발굴된 귀걸이

를 분석한 결과도 마찬가지였습니다. 계림로 14호묘에서는 보검과 함께 모두 두 쌍의 귀걸이가 출토됐는데, 두 쌍의 귀걸이의 드리개 부분에서 18지점을 선정해 분석한 결과, 평균 금 79.7퍼센트, 은 20.1퍼센트, 구리 0.1퍼센트로 구리 함유량이 매우 낮았습니다. 또한, 서봉총에서 출토된 금관, 드리개, 허리띠, 귀걸이를 분석한 결과도 구리 성분이 대부분 0.1퍼센트 이하의 수치를 보였습니다.[5] 모두 황금 보검과는 성분비에서 큰 차이가 있지요. 신라에서 만들어진 금제품은 구리 함량이 낮고, 대신 금과 은이 더 많이 섞여 있었다고 할 수 있겠습니다.

반면에 최근 보고된 우크라이나 크림반도와 헝가리 출토 금제품의 성분비를 살펴보면, 경주 지역의 금제품과 달리 구리 성분이 높은 것이 상당히 많습니다.[6] 크림반도 출토품의 경우, 브리티시 박물관이 소장하고 있는 2~7세기 금제품을 조사한 보고서가 있는데, 클로와조네 기법을 사용한 제품이 많았습니다. 138건을 성분 분석한 결과에서 구리 성분이 대체로 1퍼센트 이상 5퍼센트 이하로 나타났습니다. 이중 황금 보검과 유사한 성분비를 보이는 유물은 1, 6, 29B

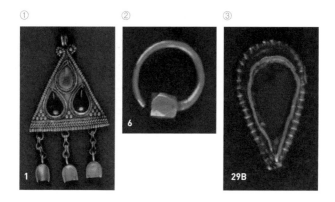

크림반도에서 출토된 금제품(1, 6, 29B번).

헝가리 너지섹쇼시에서 출토된 금제품(49, 160번).

번으로 표시된 귀걸이와 스터드(장식)입니다. 1번과 29B번 장식은 제작 방법도 황금 보검과 유사해 보입니다.

헝가리 너지섹쇼시(Nagyszéksós) 유적에서 출토된 금제품도 162점을 분석한 결과가 있습니다.[7] 훈족 고위층(왕족)과 관련된 유물로 430년 전후에 제작됐다고 추정되는데, 클로와조네 기법을 사용한 유물이 많습니다. 유물의 종류별로 성분비의 차이가 큰데, 만든 사람들의 집단과 제작 기술이 다르기 때문으로 봅니다. 또, 용도에 따라서도 합금 성분비의 차이가 있다고 생각됩니다. 클로와조네 기법으로 만들어진 어떤 유물은 구리가 6.3~9.5퍼센트 함유돼 구리 함량이 매우 큽니다. 황금 보검과 유사한 구리 함량을 보이는 유물은 49번의 장식과 160번으로 표시된 컵입니다. 49번 장식은 붉은 보석을 금판이 감싸고 있어 황금 보검과 제작 방법이 비슷합니다.

이처럼 황금 보검의 금속 성분 비율은 경주의 대형 무덤에서 출토된 다른 금제품과는 구리 함량에서 큰 차이가 있으며, 오히려 유럽에서 출토된 금제품과 비슷합니다. 금제품은 만들어진 장소와 제작 기술에 따

출토지	번호	그림번호	유물 종류	분석 위치	금Au	은Ag	구리Cu
우크라이나 크림반도	1	①	귀걸이	뒷판	75	22	3
	6	②	귀걸이	고리	78	19	3
	29B	③	스터드	뒷부분	74	22	3
헝가리 너지섹쇼시	49	④	장식	클로와조네 벽	87.9	6.0	4.8
				뒷판	87.8	6.2	4.5
				금선	88.5	6.1	4.7
	160	⑤	컵	굽	87.7	11.3	1.6
				본체	86.2	10.7	3.1
				입구 테두리	86.2	10.9	2.8

라 합금 비율에 차이를 보이는 경우가 많습니다. 따라
서 이 금속 성분 분석의 결과는 황금 보검이 신라의
금제품과는 다른 집단에 의해, 다른 장소에서 제작됐
을 가능성을 뒷받침한다고 할 수 있습니다.

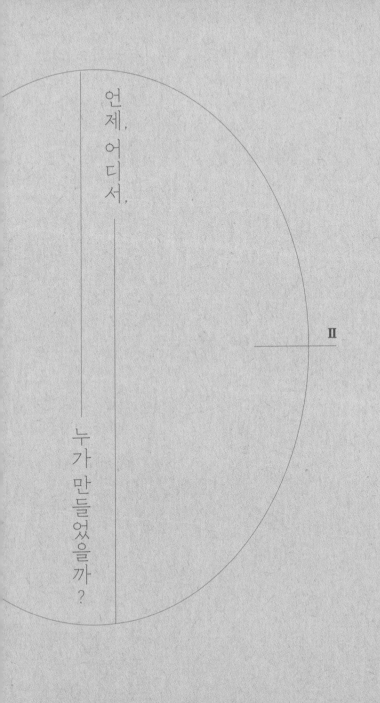

언제, 어디서,

누가 만들었을까?

II

모양과 제작 기법, 금속 성분비를 비교해 본 결과 황금 보검은 신라에서 제작된 것이 아니고 다른 지역에서 제작돼 수입됐을 가능성이 크다고 볼 수 있습니다. 그렇다면 언제, 어디서, 어떤 사람들이 만들었을까요?

황금 보검이 언제 제작됐는지 알기 위해 이 보검이 묻힌 무덤인 경주 계림로 14호묘가 언제 만들어졌는지, 즉 무덤의 축조 연대를 알아야 합니다. 무덤의 축조 연대는 다른 무덤에서 출토된 비슷한 유물과 비교해서 추정할 수 있습니다. 시대에 따라 물건의 디자인이 함께 변하기 때문에 그렇습니다.

계림로 14호묘에서 출토된 굽다리접시(왼쪽)와 겹입술 굽다리 긴목항아리(오른쪽).

계림로 14호묘   월성로 가1 B형식   월성로 가15   방내리 68-48 C형식

겹입술 굽다리 긴목항아리 비교.

우선 계림로 14호묘에서 출토된 토기 중 굽다리접시(고배高杯)와 입술 부분을 덧대어 만든 겹입술 굽다리 긴목항아리(부가구연대부장경호附加口緣臺附長頸壺)를 다른 무덤에서 출토된 토기와 비교해 보면 6세기 초에 만들어진 것으로 추정됩니다. 계림로 14호묘에서 발견된 귀걸이는 가운데 장식과 아래쪽 펜촉 모양이 황오동 100번지 2호묘, 황오동 16호묘 1곽, 그리고 천마총에서 출토된 귀걸이와 비슷하여 역시 6세기 초로 추정됩니다. 특히 허리띠 장식은 오른쪽 표에서 보듯이 백제 무령왕(武寧王)의 장신구보다 빠른 형태로 보이므로 늦어도 무령왕릉이 만들어진 525년보다 먼저 만들어졌으리라고 생각할 수 있습니다.

금제 귀걸이 비교.

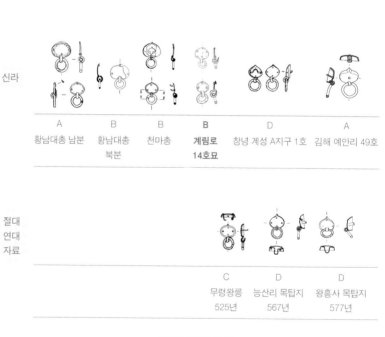

신라	A	B	B	B	D	A
	황남대총 남분	황남대총 북분	천마총	**계림로 14호묘**	창녕 계성 A지구 1호	김해 예안리 49호

절대 연대 자료				C	D	D
				무령왕릉 525년	능산리 목탑지 567년	왕흥사 목탑지 577년

허리띠 장식의 변화.

보검이 묻힌 계림로 14호묘가 6세기 초에 축조됐다면, 보검의 제작 연대는 그 이전이라고 생각할 수 있습니다. 보검이 신라에서 상당히 멀리 떨어진 유럽이나 중앙아시아 지역에서 만들어졌다면, 보검의 제작부터 무덤에 묻히기까지 얼마나 시간이 걸렸을지는 알 수 없습니다. 보검이 만들어졌을 때부터 무덤에 매장되기까지의 시간이 100년을 넘지 않는다고 가정하면 제작 연대를 5세기 정도로 추정할 수 있겠습니다.

황금 보검을 어디에서, 또는 어떤 집단에서 만들었는지를 알아보기 위해서는 다른 지역 자료와 비교해야 합니다. 앞서 살펴본 카자흐스탄의 보로보에 검이 황금 보검과 가장 닮아 있습니다. 오른쪽 그림을 보면, 신장 위구르 자치구 쿠차 지역의 석굴 벽화, 우즈베키스탄 사마르칸트 아프라시압 벽화와 타지키스탄 펜지켄트의 벽화에서도 유사한 모습을 확인할 수 있습니다. 또, 키르기스스탄, 알타이, 투바(Tuva), 신장 위구르 자치구의 석인상(石人像)에도 비슷하게 생긴 검이 표현되어 있습니다.

보로보에 출토품이나 키질 69호 석굴 벽화는 황금

신장 위구르 자치구 쿠차 지역의 키질 석굴 69호 벽화(①),
같은 지역 쿰트라 석굴 벽화(②),
우즈베키스탄 사마르칸트 아프라시압 벽화 서벽(③).

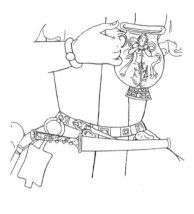

타지키스탄 펜지켄트의 벽화.
이 그림에서도 황금 보검과 비슷한 모양의
단검이 표현되어 있다. ⓒ alamy

알타이의 석인상.
허리춤에 평행으로
검이 달려 있는 게 보인다.

보검과 형태가 거의 일치하지만 나머지는 정확히 같지는 않습니다. 아프라시압 벽화에 나타난 보검은 황금 보검처럼 검을 착용하기 위한 패용구(佩用具)*가 2개 부착됐고 검집 하부가 사다리꼴입니다. 펜지켄트 벽화와 알타이 출토 석인상에 표현된 검은 2개의 패용구가 있지만 검집 하부는 사다리꼴이 아닙니다. 한편 쿰트라 석굴벽화는 검집 하부가 사다리꼴이지만 패용구가 표현되지 않았습니다.

이들 유물의 출토지는 대부분 중앙아시아 지역, 특히 사마르칸트에서 신장 위구르 자치구에 집중되어 분포하고 있습니다. 따라서 황금 보검 같은 형태가 유행했던 지역은 중앙아시아 지역일 가능성이 높습니다. 특히 중앙아시아 지역인 보로보에와 키질 69호 벽화가 비교적 이른 시기인 5세기에 제작된 것으로 생각되기에 황금 보검도 이 지역에서 제작됐을 가능성이 높아 보입니다.

형태뿐 아니라 제작 기법 면에서도 비교해 보아야 합니다. 황금 보검과 제작 기법이 비슷한 유물은 유럽 전역에서 확인되는데, 특히 흑해 부근에 집중되어 있습니다. 아나파 인근에서 나온 장신구에 타원형 문양

★ 형태가 비슷한 유물의 출토지

❶ 카자흐스탄 보로보에 ❷ 쿠차 키질 석굴 벽화 ❸ 쿠차 쿰트라 석굴 벽화

❹ 사마르칸트 아프라시압 벽화 ❺ 우즈베키스탄 펜지켄트 벽화 ❻ 이란

❼ 키르기스스탄 ❽ 알타이 ❾ 러시아 투바 공화국 ❿ 이탈리아 랑고바르드

★ 제작 기법이 비슷한 유물의 출토지

Ⓐ 카자흐스탄 보로보에 Ⓑ 아나파 Ⓒ 케르치 Ⓓ 바실리카 Ⓔ 모르스코이 출레크

Ⓕ 볼고그라드 Ⓖ 소프카

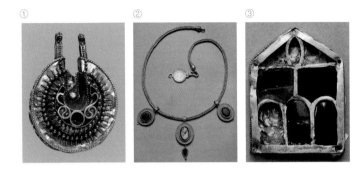

누금기법이 사용된 아나파 인근 출토품(①, ②),
모르스코이 출레크 무덤 출토품(③)

대와 누금기법이 사용됐고, 황금 보검의 태극 문양에
서 보이는 세밀한 물결무늬도 확인됩니다. 특히 이 유
적에서 출토된 목걸이에 동로마제국의 황제인 유스
티니아누스 I세의 금화가 걸려 있었습니다(②). 크림반
도의 케르치(Kerch) 지역에서 출토된 유물은 금선으로
구획된 공간 가운데에 석류석과 유리를 넣었는데 역
시 황금 보검과 같은 기법이 사용됐습니다. 러시아 로
스토프 지역의 모르스코이 출레크(Morskoi Chulek) 유적
은 아조프해 동쪽 연안에 위치하는데, 여기서도 같은
기법이 사용된 유물을 확인할 수 있습니다.

클로와조네 기법은 고대 이집트 지방에서 처음 시

작돼서 주변 문화권으로 확산됐습니다. 황금과 붉은 색 석류석을 사용한 기원은 동로마제국으로 알려져 있습니다. 이 기법은 민족 대이동 시대(Migration Period)에 소위 '바바리안(Barbarians, 이민족)' 금세공 기술자들에게 전해지고 퍼져 나갔습니다.[8] 실제로 이 기법은 독일, 프랑스 및 동유럽의 거의 모든 지역에서 발견됩니다. 여기서 살펴본 자료도 모두 황금과 붉은 석류석(또는 유리)을 사용한 유물들로 동로마제국, 또는 이의 영향을 받은 유럽의 여러 이민족들에 의해 제작된 것으로 보입니다.

결국 황금 보검은 중앙아시아 지역에서 유행한 단검 형태와, 동로마제국에서 기원하고 5세기 유럽 각지의 이민족 사이에 퍼져 나가던 금세공 기술인 클로와조네 기법이 결합되어 만들어졌다고 파악할 수 있습니다. 그렇다면 두 지역이 가지고 있던 형태와 기술의 결합은 어디에서, 어떻게 이뤄졌을까요? 이를 알아야 황금 보검의 제작지를 밝힐 수 있을 것입니다. 일반적으로 형태를 모방하기는 쉽지만 제작 기술의 모방은 쉽지 않다는 점을 감안하면, 기술을 가지고 있는 금세공 기술자가 제품을 제작했을 가능성이 크다고 보입니다. 즉, 황금 보검과 같은 단검 형태의 이미지(像)를 가지고 있는 집단이 요청하여, 제작 기술을 가진 집단에서 이를 제작했다고 생각해 볼 수 있습니다. 중앙아시아 지역을 활동 무대로 한 집단이 동로마제국, 또는 동유럽의 이민족과 접촉하여 자신들이 사용하는 단검 형태로 만들도록 주문했다면, 이 황금 보검의 최초 소유자는 중앙아시아의 집단이었겠지요.

이런 과정으로 제작됐다면 중앙아시아 세력과 클로와조네 기술이 접촉할 가능성이 큰 동부 유럽 지역에서 만들어졌을 가능성이 가장 높습니다.

하지만 클로와조네 기술을 가진 기술자가 중앙아시아 지역으로 이주해 그곳에서 제작했을 수도 있기에, 정확한 위치를 추정하기는 사실상 어렵습니다. 또한 이 보검을 주문한 것으로 추정되는 중앙아시아 집단 역시 현재로서는 정확히 밝히기가 쉽지 않습니다.

유사한 형태의 단검이 발견되는 지역으로 볼 때, 이 단검을 주문한 집단은 사마르칸트와 신장 위구르 자치구의 쿠차 지역 사이에서 활동했을 가능성이 큽니다. 이 지역을 활동 무대로 한 집단은 소그드(Sogd), 박

트리아(Bactria), 에프탈(Ephthalite) 등의 부족으로 알려져 있습니다. 그러나 이 지역은 동서 교통로에 위치하여 문물 교류가 활발히 이루어졌기에 꼭 이들 부족이 아니더라도 단검의 형태가 전해졌을 수 있습니다. 또, 아직 이러한 유목 민족들이 어떻게 활동했었는지 활동 양상이 정확히 밝혀지지 않았기 때문에 현재로서는 구체적으로 집단을 추정하기가 어렵습니다.

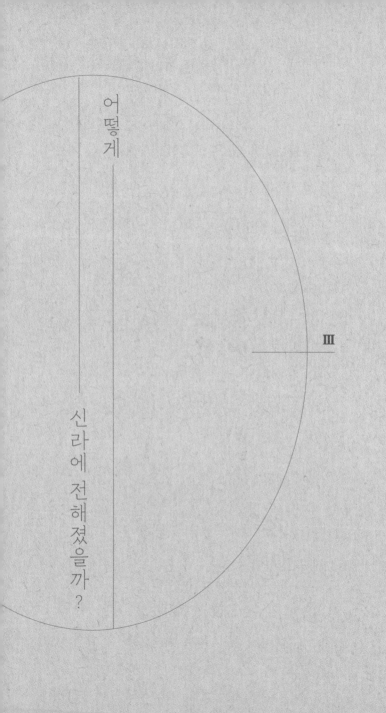

어떻게

신라에 전해졌을까?

Ⅲ

다음으로 풀어야 할 숙제는 이렇게 중앙아시아나 동부 유럽 지역에서 만들어진 보검이 어떤 경로로 신라에 전해졌는지를 밝히는 일일 것입니다. 서아시아의 문물이 신라로 전해지는 경로는 크게 두 가지로 보고 있습니다. 하나는 중국 중원 지역을 주요 연결 고리로 보는 것이고,[9] 또 다른 하나는 중국이 아닌 중앙아시아, 또는 북방 유목민에 의해 전해졌을 것으로 보는 입장입니다. 여기에는 외부 문물의 중간 전달자로 고구려의 역할에 주목하는 연구가 많습니다. 한국 고고학의 기틀을 마련한 김원룡은 일찍이 고구려를 통해 서방 산물이 유입됐다고 보았고, 벽화 등의 자료를 바탕으로 중앙아시아의 소그드와 고구려의 교류를 통해 신라에 보검이 전해졌다고 보는 연구자도 있습니다.[10]

특이하게도 4~6세기(마립간 시기)에 서아시아 문물이 신라에 많이 나타납니다. 국립경주박물관 관장인 함순섭은 먼저 중국 중원 세력이 주변 세력과 교류하여 외래품(外來品)이 중국 중원에 모이고, 이렇게 모인 교역 물품이 신라에 들어왔다고 보았습니다. 4~5세기의 신라 무덤 출토품은 고구려와 서아시아의 문물이 섞여 있다가 점차 시간이 지날수록 고구려 문물이 사라지는데, 이는 중국 중원이 점차 고구려를 중간 지대로 거치지 않고 신라와 직접 접촉하는 방향으로 변화했기 때문이라고 설명합니다. 아마도 서아시아 문물을 수입하고 이 지역과 활발히 교류한 중국이 황금 보검의 중간 기착지였을 것입니다. 5세기 이전에는 고구려가 서아시아 문물 수입 과정에 강한 영향력을 행사하다가 6세기 이후에는 신라가 중국과 직접 교섭하고 교통로를 확보하면서 점차 고구려를 배제하고 직접 교류하게 됐다고 생각합니다. 보검은 고구려의 영향력이 점차 감소하고 신라가 중국과 직접 교류를 모색하는 과도기에 전해진 것이지요.

이렇게 멀리 떨어진 지역에서 만들어진 물건이 어쩌다가 신라에 들어왔을까요? 신라 4~6세기 무덤에서는 황금 보검 외에도 여러 가지 외래품이 출토됩니다. 대표적인 것이 황남대총 북분에서 출토된 타출 기법*으로 만든 은잔(은제타출문완)[11]과 유색 보석으로 장식(감옥嵌玉*)한 금팔찌, 그리고 약 25점 이상 발견된

신라 고분에서는 여러 가지 외래품이 출토됐다.
대표적으로 황남대총 북분에서 출토된 은제타출문완(왼쪽 상단),
유리잔(왼쪽 하단), 황남대총 남분에서 출토된 봉수형병(오른쪽)이 있다.

유리그릇입니다. 은잔과 감옥팔찌가 출토된 황남대총 북분은 5세기 중엽 신라 왕비의 무덤으로 추정됩니다. 피장자가 금관과 금제허리띠를 착장하고 있어 신라 무덤 중 가장 높은 계급의 무덤으로 추정되는 5개의 무덤(황남대총, 금관총, 서봉총, 천마총, 금령총)에서는 모두 유리그릇이 출토됐습니다. 이렇게 높은 계급의 무덤에서 외래품이 나온 것으로 보아 신라 사회에서는 외래품의 소유가 높은 신분과 권력을 상징했다고 생각할 수 있습니다.

중국의 문헌에도 고대 사회에 외래품에 대한 인식이 나타나 있습니다. 예를 들면, 중국 남조 송나라의 류의경(劉義慶)이 편찬한 《세설신어(世說新語)》에서는 위진 남북조 시기의 귀족 계층이 서로 값나가는 물건을 겨뤘다고 소개했는데, 부를 자랑하는 물건 중에 외지에서 수입된 유리도 보물로 등장합니다. 이 외에도 6세기 중반 북위 사람 양현지의 《낙양가람기(洛陽伽藍記)》, 7세기에 쓰여진 역사책 《진서(晋書)》〈최홍전(崔洪傳)〉을 보면 이 시대 귀족들이 수입한 유리를 보물로 생각했음을 알 수 있습니다.[12] 결국 외래품을 귀하게 여기는 사회 분위기에 따라 상층 계급이 소유하고 싶어 했기에 황금 보검을 비롯한 서아시아에서 제작된 물건들이 신라에 수입됐고, 귀한 물건이기에 무덤까지 가져갔다고 이해할 수 있습니다.

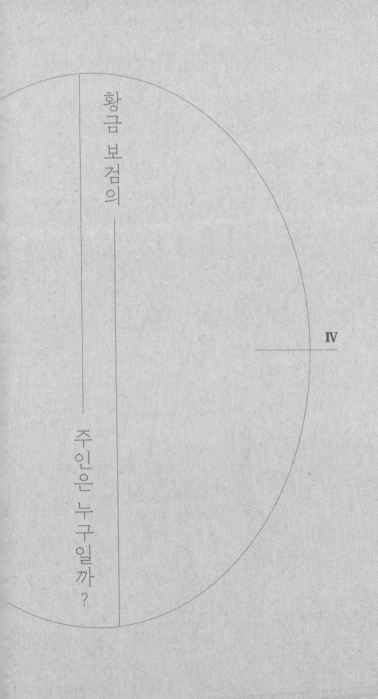

황금 보검의

주인은 누구일까?

IV

황금 보검의 주인이 묻힌 계림로 14호묘는 경주 시내 황남동에 위치한 황남대총, 천마총 등 신라 마립간기 의 최고위층의 공동묘지에 속해 있습니다. 1973년 대

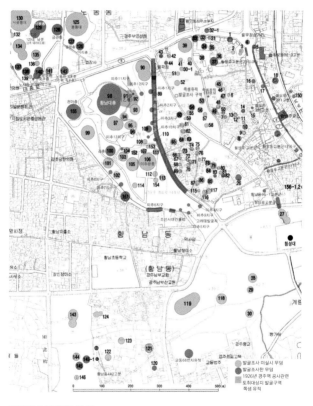

계림로 14호묘의 위치.

릉원을 만들기 위해 도로 공사를 하는 중에 발굴됐지요. 동서 3.5미터, 남북 1.3미터 크기의 돌무지 나무덧널 무덤입니다. 널*을 안치한 덧널* 안에 껴묻거리*만 담은 부장곽*을 따로 만들었고, 함께 묻은 유물이 모두 295점이나 됐습니다. 시신과 널이 썩어 버린 바닥에서는 금귀걸이 두 쌍이 시신의 귀에 달았던 것처럼 놓였고 귀걸이 사이에서 치아들이 각각 발견됐습니다. 두 사람을 나란히 묻었던 것입니다. 묻은 시기는 앞서 살펴본 것처럼 1500여 년 전인 6세기 초로 보입니다.

황금 보검은 왼쪽에 묻힌 사람이 지니고 있었습니다. 그는 은제 허리띠도 차고 있었습니다. 오른쪽 사람도 신라의 긴 칼(大刀)을 찼습니다. 금귀걸이를 비롯한 이러한 장신구는 둘 다 높은 지위의 사람이었음을 알려줍니다.

그렇다면 어떻게 두 명이 한꺼번에 묻혔을까요? 나란히 묻힌 것으로 보아 순장은 아닙니다. 순장되는 이는 주인공보다 지위가 낮으므로 무덤 안에서 대등한 위치에 묻히지 않습니다. 만약 순장이었다면 한 사람은 무덤 주인공 발치의 좁은 공간 또는 별도의 딸린공간에 묻혔을 것입니다. 따라서 계림로 14호묘에 묻힌 두 사

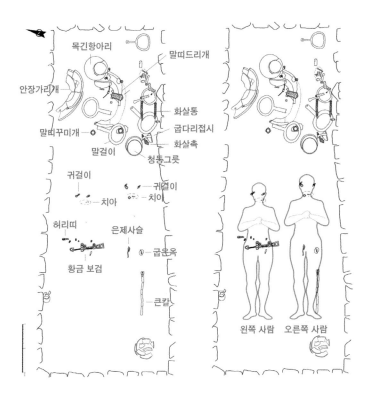

목긴항아리
말띠드리개
안장가리개
화살통
말띠꾸미개
굽다리접시
말걸이
화살촉
청동그릇
귀걸이
귀걸이
치아
치아
허리띠
은제사슬
굽은옥
황금 보검
큰칼
왼쪽 사람
오른쪽 사람

계림로 14호묘 발굴 평면도.

시신 매장 위치를 추정하여 복원한 그림.

람은 지위가 비슷했으리라 볼 수 있습니다. 돌무지 나무덧널 무덤은 돌을 쌓아 만드는 구조상 이미 매장이 끝난 후에 추가장은 어렵습니다. 그래서 합장을 하려면 고분 안에 덧널을 추가하거나 먼저 만든 무덤 아주 가까이에 무덤을 만들어야 했습니다. 계림로 14호묘의 두 사람은 한 덧널에서 나란히 발견된 것으로 보아 비슷한 시기에 죽어 함께 장례를 치른 것으로 보입니다.

신라 무덤에 대한 지금까지의 연구에 따르면, 일반적으로 가는고리 귀걸이(세환이식細鐶耳飾)를 달고 긴 칼을 찬 사람은 남성으로, 굵은고리 귀걸이(태환이식太鐶耳飾)를 달고 목걸이를 한 사람은 여성으로 추정합니다. 여기 묻힌 두 사람은 모두 가는고리 귀걸이를 달았고, 황금 보검 또는 긴 칼을 찼습니다. 따라서 두 사람 모두 남성으로 추정됩니다.

두 남성은 몇 살에 죽었을까요? 치아가 남아 있지만 오래되어 정확한 나이를 알기는 어렵습니다. 하지만 두 사람 모두 성인이었고 치아의 마모가 심하지 않은 것으로 보아, 성인 중에서 상대적으로 젊은 20대 또는 30대였을 듯합니다. 귀걸이와 치아 그리고 허리띠의 위치를 보아 키를 어림잡을 수 있는데요.

150~160센티미터로 추정됩니다. 이는 삼국 시대 무덤에서 출토되는 성인의 평균 신장 범위에 해당하는 수치이기에 역시 이들이 성인이었을 가능성을 뒷받침합니다.

두 남성은 어쩌다 함께 묻히게 되었을까요? 전염병이 돌아서 같은 시기에 생을 마감한 형제이거나, 전쟁에서 용맹하게 싸우다 죽은 전우였을까요?

서쪽 먼 나라에서 만들어져 들어온 황금 보검, 이런 외래품은 아무나 가질 수 없는 매우 귀한 물건이었습니다. 따라서 이 황금 보검의 주인은 신분이 높았으리라 짐작할 수 있습니다. 함께 출토된 부장품에서도 같은 추측을 할 수 있습니다. 금귀걸이와 은제 허리띠를 비롯하여 여러 금은 제품을 함께 묻었으니까요. 특히 금실과 은실을 박아 넣고 금관에 유리로 눈을 박은 말안장과 비단벌레 날개로 장식한 화살통은 그 화려함이 보검에 못지않습니다. 또, 상감* 유리 장식도 황남대총과 천마총 등 금관이 나오는 경주의 대형 무덤에서 주로 출토됐던 점을 미루어 본다면 이들이 최상류층에 속했음을 알 수 있습니다.

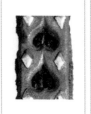

———————— 왼쪽부터 용문 은입사 안장, 짐승 얼굴 모양 안장 버클,
비단벌레 장식 화살통, 상감 유리 장식.

　입고 있었던 옷에서도 신분을 추정할 수 있습니
다. 보검의 뒤쪽 면에 붙어 있는 직물이 그 옷의 흔적
으로 보입니다. 보검은 수의로 사용된 겉옷 위에 놓
여 있었을 것이고 이 겉옷이 검에 붙어서 남아 있었
습니다. 분석 결과, 이 직물은 무늬 있는 비단의 일종
인 '능(綾)'이었습니다. 《삼국사기》에 나타난 계급별
복식을 규정한 기록을 보면, 신라에서는 신분에 따라
입는 옷이 달랐습니다. 법흥왕(514~540) 때 제정한 복
식 규정을 보면, 골품제를 바탕으로 관등에 따라 옷
의 색과 관의 소재까지 세세하게 정해져 있었습니
다. 흥덕왕 9년(834)에는 복식 제도가 잘 지켜지지 않
아 바로잡는 성격의 복식금령을 내렸습니다. 귀족의

계급과 남녀 의복 등 여러 품목에 대해서 입을 수 있는 옷과 없는 옷을 정하는 내용이었는데, 이에 따르면 겉옷으로 '능'을 입을 수 있는 계층은 진골 이상의 계층뿐이었습니다. 다만, 이 기록이 계림로 14호묘가 축조된 시기와 300년 정도의 시차가 있습니다. 또, 생전의 복식 규제가 매장 시에도 동일하다고 확신할 수 없으므로 이를 그대로 적용해 계림로 14호묘의 피장자*가 진골 이상이라고 말할 수는 없습니다. 그러나 9세기 전반보다 6세기 초에 비단 사용이 더욱 한

정적이었을 가능성이 크다는 점을 고려하면, 계림로 14호묘의 피장자가 신라에서 상당히 높은 지위를 가졌다고 보는 데는 무리가 없습니다. 결국 그는 진골인지 여부는 정확하지 않지만 신라 최고의 귀족 계급에 속한 사람이었던 것이죠.

황금 보검은 서아시아의 어딘가에서 큰 공을 들여 만든 '보물'이었습니다. 이 때문에 황금 보검과 함께 묻힌 이가 혹시 서아시아나 중앙아시아에서 온 사람이 아닐까라는 추측이 있어 왔고요. 그러나 문물의 이동이 곧 사람의 이동이라고 해석하는 것은 너무 단순한 설명입니다. 신라는 이미 내물왕(356~402) 시기부터 고구려나 백제를 통해 중국과 교류한 기록이 있습니다. 이후로는 직접 왜나 중국과 교류했고 서아시아에도 신라가 알려졌습니다. 앞서 살펴보았듯이 4~6세기 신라 상류층 무덤에서 각종 외래품이 드물지 않게 출토됩니다. 흥덕왕 때의 복식금령에서도 "진귀한 외래품만을 숭상한다"고 언급할 정도로 외래품의 유입과 사용이 많았다고 보여집니다. 물론 신라에 온 어떤 서역인이 보검을 들고 왔을 수도 있지만, 당시 활

금은과 감색 유리로 장식한 말띠드리개.

발했던 대외교류를 통해 들어온 많은 보물 중 하나였
다고 보는 편이 맞겠습니다.

계림로 14호묘에서 발굴된 부장품 가운데 황금 보
검 외에는 외국에서 수입한 물품이 없습니다. 일부 유
리로 장식한 부장품들을 외래품으로 추정하는 견해
도 있었지만, 기본적으로 그 형태가 신라 스타일이고
감색 유리 역시 신라에서 활발히 만들어진 유리구슬
들과 통합니다. 외래품으로 보더라도 당시에 대형 무
덤에서 여러 점 발견되는 서아시아산 로만 글라스로

보아 이러한 외래 보물의 수입이 상류층에서는 활발했을 것으로 보이며, 계림로 14호묘만의 특이한 현상은 아닙니다. 무덤의 주인이 서역인이어서 그의 소유물인 보검을 함께 묻었다고 하기에는 근거가 부족하지요.

무덤 구조 역시 돌무지 나무덧널 무덤으로 신라의 전통적 무덤이며, 머리를 동쪽으로 둔 것도 신라의 오랜 전통입니다. 따라서 황금 보검의 주인은 신라인일 가능성이 큽니다.

계림로 14호묘에서 발견된 황금 보검에 대한 몇 가지 궁금증을 살펴봤습니다. 그동안의 연구로 무슨 재료로 어떻게 만들어졌는지 등은 밝혔지만, 여전히 지구 반대편에서 만들어진 보검이 어떻게 수입됐고, 이 보검을 소유했던 주인은 누구였는지 등 남아 있는 의문이 많습니다. 고고학 발굴에서 얻은 자료만으로 1500년 전의 실제 모습을 찾아내기란 매우 어려운 일입니다. 그래서 고고학자들은 나름대로 상상의 날개를 펼치기도 합니다. 2010년에 열렸던 황금 보검을 주제로 한 특별 전시의 에필로그로 맺음말을 대신해 봅니다.

이 무덤에 묻힌 사람들은 누구일까

이름은 무엇이었을까

몇 살이었을까

아버지가 신라에서 높은 벼슬을 했을까

정녕 왜 죽었을까

지증왕(智證王) 때 고구려와의 싸움에서 전사한 것일까

이사부(異斯夫)가 군주로 있던 실직주(悉直州)에서의 전투였을까

돌림병 때문이었을까

나란히 묻힌 두 사람은 어떤 관계였을까

정다운 형과 아우였을까

어머니와 아버지는 얼마나 슬펐을까

황금 보검은

이역만리 머나먼 저 서쪽 나라에서 어떻게 신라에 들어왔을까

가져온 사람은 누구였을까

금 귀걸이, 은제 허리띠, 유리 장식품을 만든

신라의 장인은 누구일까

흙을 덮으며

죽은 이의 넋을 기리며

무엇을 기원했을까

부활과 함께 신라의 융성을 빌었을까

1500여 년이 흐른 오늘

황금 보검은

신라의 왕성했던 대외 교류를 상징하는

우리의 소중한 문화유산으로 남아 있습니다.

* **돌무지 나무덧널 무덤** (적석목곽묘 積石木槨墓)

신라에서 4~6세기 사이에 유행한 무덤 구조이다. 망자를 담은 나무널을 나무덧널에 넣고 주변에 돌을 쌓은(적석) 뒤 흙으로 봉분을 덮은 무덤을 총칭해 돌무지 나무덧널 무덤이라 한다.

* **독무덤**

항아리로 만든 무덤. 하나의 항아리로 만들거나 두 개의 항아리를 서로 마주보게 붙여 만들기도 한다.

* **검파두식** (劍把頭飾)

검의 자루 끝에 장착한 장식을 가리키는데, 주로 동검의 칼자루 끝을 장식한 것을 말한다.

* **세형동검** (細形銅劍)

청동기로 만든 무기다. 칼날이 비파형동검(琵琶形銅劍)에 비해 폭이 좁고 가늘기 때문에 세형동검이라 부른다. 길이는 30센티미터 정도. 짧은 자루가 달려 있고 칼집을 끼우도록 되어 있다. 칼날 부분에는 줄무늬가 있고 손잡이 부분에는 띠를 매도록 되어 있다.

* **검집**

칼집. 칼을 넣는 도구를 말한다.

* **금선** (金線)

금으로 만든 선 모양의 장식.

＊ 문양대
장식 문양을 넣기 위해 다양한 형태로 구획한 틀.

＊ 감입(嵌入)
어떤 것을 끼워 넣거나 박아 넣은 모양을 가리키는 용어.

＊ 클로와조네(cloisonné)
황금이나 은 세공(細工)의 틀 안에 여러가지 색채의 보석·색유리·산호
모조품 등을 감입해 다채롭고 호화스러운 장식 효과를 내는 기법.

＊ 굽은옥(곡옥曲玉)
곡옥이라고도 부르는 옥으로 만든 장식물이다. 쉼표 모양에 연결 도구
를 넣을 수 있는 구멍이 뚫려 있다. 신라 장신구에서는 금관이나 금허
리띠 장식, 귀걸이 등에 달려 있다.

＊ 누금기법(鏤金技法)
금속 장신구의 표면을 장식하는 기법 중 하나로 금속으로 된 실 혹은
알갱이 등을 해당 장신구의 표면에 땜질 혹은 금속끼리의 화학적 융점
을 적절히 이용하여 서로 접착하는 기법.

＊ 드리개(수하식垂下式)
장식 효과를 높이기 위해 관이나 신체에 매달아 늘어드린 장신구.

＊ 관모(冠帽)
머리를 보호하고 장식하기 위한 쓰개를 말하나, 역사학이나 고고학에
서는 주로 신분이나 의례에 따라 격식을 갖추기 위해 머리에 쓰는 물건

을 가리킨다. 5~6세기 신라 왕릉급 무덤에서 출토되는 관모는 고깔 형태가 많아 모관이라고도 부른다.

＊ **관식 (冠飾)**
관모를 꾸미는 것. 신라의 고깔 모양 관식에는 새 날개 모양, 나비 모양 등 다양한 형태가 장식된다.

＊ **조익형 관식 (鳥翼形冠飾, 새 날개 모양 관식)**
관모를 장식하는 관식 중 새가 힘차게 날갯짓하는 모습을 연상시킨다 해서 새 날개 모양 관식으로 부른다.

＊ **패용구 (佩用具)**
칼이나 물건을 허리에 차기 위해 사용하는 도구.

＊ **타출 기법 (打出技法)**
금속판의 안쪽 혹은 바깥쪽에서 정을 두드려 문양을 부조처럼 입체감 있게 표현하는 장식 기법.

＊ **감옥 (嵌玉)**
화려한 장식 테두리 안에 여러 가지 색깔의 옥을 박아 넣는 공예 기법.

＊ **널 (관棺)**
원래는 망자의 유해를 무덤으로 옮기는 도구인데, 통상 망자의 시신을 담아 무덤 안에 넣는 구조물을 말한다. 나무로 만들면 나무널, 돌로 만들면 돌널로 부른다.

* **덧널** (곽 槨)

덧널은 곽이라고 하는데, 시신을 담은 널을 보호하고, 무덤 부장품을 보호하는 기능을 하는 시설이다. 재질에 따라 나무로 만들면 나무덧널, 돌로 만들면 돌덧널이라고 부른다.

* **껴묻거리** (부장품 副葬品)

신라인들을 비롯해 고대인은 죽어서도 살아 있는 모습과 동일하게 사후 세계에서 생활한다고 믿었기 때문에 생활 용기나 도구 들을 무덤 안에 함께 넣었다. 이러한 물건들을 껴묻거리라고 부른다.

* **부장곽** (副葬槨)

무덤 안에 껴묻거리를 넣기 위해 별도로 만든 상자 또는 틀.

* **상감** (象嵌)

금속이나 목재, 도기나 토기의 표면에 여러 무늬를 새겨서 그 속에 같은 모양의 금·은·보석·뼈·자개 따위의 다른 재료를 박아 넣는 공예 기법.

* **피장자**

무덤에 묻힌 사람, 무덤 주인공을 일컫는 말.

참고 문헌

· 國立慶州博物館,《慶州 鷄林路 14號墓》(2010).

· 金元龍,〈古代韓國과 西域〉,《美術資料》34 (1984).

· 辛龍飛·鄭泰和,〈新羅金冠·冠帽·冠飾의 成分分析〉,《新羅
文物研究》2 (國立慶州博物館, 2009).

· 安家瑤,〈중국에서 발견된 4~6세기 유리제품〉,《新羅文物研
究》2 (國立慶州博物館, 2009).

· 유혜선·신용비·윤은영,〈서봉총 출토 금제품의 성분〉,《慶州
瑞鳳塚I(遺物篇)》(國立中央博物館, 2014).

· 윤상덕,〈경주 황금 보검으로 본 고대 문물교류의 단면〉,《신
라의 황금문화와 불교미술》, (국립경주박물관, 2015)

· 이송란,〈신라 계림로 14호분 '금제상감보검'의 제작지와 수
용 경로〉,《美術史學研究》258 (2008).

· 李漢祥,〈新羅墳墓 속 西域系文物의 現況과 解析〉,《韓國古
代史研究》45 (2007).

· 韓炳三,〈경주시 계림로 신라고분발굴조사〉,《博物館新聞》
29호 (1973).

· G. W. Bowersock, Peter Brown, and Oleg Grabar, eds., *Late*

Antiquity: a Guide to the Postclassical World (Cambridge and London: Belknap Press of Harvard University Press, 1999), p.464.

· 咸舜燮, 〈新羅麻立干時期에 移入된 中央아시아 및 西아시아의 文物〉,《新羅, 서아시아를 만나다》(국립경주박물관·국립제주박물관, 2008).

· Susan La Niece and Mike Cowell, Scientific Report, *The Berthier-Delagarde Collection of Crimean Jewellery in the British Museum and Related Material*. British Museum Research Publication, no. 166. London (2008).

· Alessandra Giumlía-Mair, METALLURGY AND TECHNOLOGY OF THE HUNNIC GOLD HOARD FROM NAGYSZÉKSÓS, *The Silk Road*, Vol. 11 (2013).

· 奈良文化財研究所,《三燕文物 精粹》(2004).

· 穴澤咊光·馬目順一, 〈慶州鷄林路14號墳出土の嵌玉金製短劍をめぐる諸問題〉,《古文化談叢》7 (九州古文化研究會, 1980).

주석

1   國立慶州博物館,《慶州 鷄林路 14號墓》(2010).

2   韓炳三,〈경주시 계림로 신라고분발굴조사〉,《博物館新聞》29호(1973).

3   穴澤咊光·馬目順一,〈慶州鷄林路14號墳出土の嵌玉金製短劍をめぐる
     諸問題〉,《古文化談叢》7(九州古文化研究會, 1980), p.261.

4   辛龍飛, 鄭泰和,〈新羅金冠·冠帽·冠飾의 成分分析〉,《新羅文物研究》
     2(國立慶州博物館, 2009), pp.207~215.

5   유혜선·신용비·윤은영,〈서봉총 출토 금제품의 성분〉,《慶州 瑞鳳塚 I(遺
     物篇)》(國立中央博物館, 2014), pp. 201~220.

6   Susan La Niece and Mike Cowell, Scientific Report, The Berthier-
     Delagarde Collection of Crimean Jewellery in the British Museum
     and Related Material, British Museum Research Publication, no. 166,
     London(2008), pp.151~160.

7   Alessandra Giumlía-Mair, METALLURGY AND TECHNOLOGY OF THE
     HUNNIC GOLD HOARD FROM NAGYSZÉKSÓS, The Silk Road, Vol.
     11(2013), pp.12~37.

8   G. W. Bowersock, Peter Brown, and Oleg Grabar, eds., Late Antiquity:
     a Guide to the Postclassical World, Cambridge and London: Belknap
     Press of Harvard University Press(1999), p.464.

9   李漢祥,〈新羅墳墓 속 西域系文物의 現況과 解析〉,《韓國古代史研究》
     45(2007).
     咸舜燮,〈新羅麻立干時期에 移入된 中央아시아 및 西아시아의 文物〉,
     《新羅, 서아시아를 만나다》(국립경주박물관·국립제주박물관, 2008).

10   일찍이 김원룡(金元龍)은 고구려를 통해 서방 산물이 유입됐다고 보았다. 이
     송란은 중앙아시아의 소그드와 고구려와의 교류 양상을 벽화 등의 자료로 구

체적으로 제시하고, 이를 통해 신라에 보검이 전해진 것으로 보았다.

金元龍, 〈古代韓國과 西域〉, 《美術資料》 34(1984).

이송란, 〈신라 계림로 14호분 '금제상감보검'의 제작지와 수용 경로〉, 《美術史學硏究》 258(2008).

11   은제타출문완은 육각형 문양을 기반으로 한 특이한 모양 때문에 서아시아에서 제작된 것으로 추정해 왔으나 중국 각지에서 이러한 육각형 문양을 기초로한 유물이 많이 확인되고 있어 원산지에 대한 추가적인 연구가 필요하다. 특히 삼연 산허청 묘(三合成墓)에서 출토된 말안장(奈良文化財硏究所 2004, p.54.)에는 육각형 문양을 중심으로 한 장식이 확인돼 중국에서 이러한 문양을 가진 유물이 제작됐을 가능성도 높아졌다.

奈良文化財硏究所, 《三燕文物 精粹》(2004).

12   安家瑤, 〈중국에서 발견된 4~6세기 유리제품〉, 《新羅文物硏究》 2(國立慶州博物館, 2009), p.139.

국립경주박물관 신라 문화유산 시리즈 ②

신라를 찾은 이방인의 칼
황금 보검

| 1판 1쇄 발행 | 2023년 12월 15일 |
| 1판 2쇄 발행 | 2024년 5월 31일 |

| 기획 | 국립경주박물관 |
| 지은이 | 윤상덕 |

펴낸이	이민선, 이해진
편집	홍성광, 백선
디자인	박은정
일러스트	박태연
제작	호호히히주니 아빠
인쇄	신성토탈시스템

펴낸곳	틈새책방
등록	2016년 9월 29일 (제2023-000226호)
주소	10543 경기도 고양시 덕양구 으뜸로110, 힐스테이트 에코 덕은 오피스 102-1009
전화	02-6397-9452
팩스	02-6000-9452
홈페이지	www.teumsaebooks.com
인스타그램	@teumsaebooks
페이스북	www.facebook.com/teumsaebook
포스트	m.post.naver.com/teumsaebooks
유튜브	www.youtube.com/틈새책방
전자우편	teumsaebooks@gmail.com

ISBN   979-11-88949-56-4 03910